"POUR FABRICE"

SIGNE
FRANZ

SHAMROCK SONG

LE LOMBARD

OTTAWA PUBLIC LIBRARY
BIBLIOTHEQUE PUBLIQUE D'OTTAWA

DU MÊME AUTEUR

LESTER COCKNEY

LES FOUS DE KABOUL
LA NEIGE ÉTAIT CRISSANTE
UNE HONGROISE AU PENDJAB
JE VEUX RETOURNER À PECS
LE ROI DES DALMATES
LES CONJURÉS DU DANUBE
LA DÉCHIRURE (ÉDITIONS LE LOMBARD)

IRISH MELODY
SHAMROCK SONG
COLLECTION "SIGNÉ" (ÉDITIONS LE LOMBARD)

THOMAS NOLAND

LA GLAISE DES CIMETIÈRES
RACE DE CHAGRIN
L'ORPHELIN DES ÉTOILES
LES NAUFRAGÉS DE LA JUNGLE
LE GOÉLAND AVEC PECQUEUR (ÉDITIONS DARGAUD)

POUPÉE D'IVOIRE

NUITS SAUVAGES
LA GRIFFE DE BRONZE
LA REINE OUBLIÉE
LE TOMBEAU SCYTHE (ÉDITIONS GLÉNAT)

HANNAH

LES CAVALIERS DE LA MORT
LE SECRET DES MAC KENNA
L'IRRÉSISTIBLE ASCENSION (ÉDITIONS DUPUIS)

© FRANZ - EDITIONS DU LOMBARD (EDL-B&M s.a.) 2001
Tous droits de reproduction, de traduction et
d'adaptation strictement réservés pour tous les pays.

D/2001/0086/38
ISBN : 2-80361-586-X

Dépôt légal : mars 2001

LES EDITIONS DU LOMBARD
7, AVENUE PAUL-HENRI SPAAK - 1060 BRUXELLES - BELGIQUE

www.lelombard.com
signe.lelombard.com

BALLYMOSS STUD.

IL AVAIT DÉVORÉ...

SOUS LES YEUX ÉTONNÉS DE SEAMUS McMANUS, LE STUD-GROOM RESPONSABLE DU HARAS ET DE LUCY MACKLIN, LA CUISINIÈRE, LESTER AVAIT ENGLOUTI QUATRE ŒUFS AU BACON, CINQ SAUCISSES, UNE CÔTE DE PORC, DE LA PURÉE, TROIS BOLS DE LAIT ET QUASI UNE DEMI-TARTE AUX POMMES...

HÉ BÉ ÇA ! ...ALORS ?

C'EST BON.

OUI, IL ME SEMBLE AVOIR REMARQUÉ.

BIEN. TU VAS DORMIR ICI CETTE NUIT, PETIT.

DEMAIN, TU FERAS CE QUE TU VOUDRAS.

J' SUIS D'ACCORD, M' SIEU.

EST-CE QUE JE PEUX VOUS AIDER À DÉBARRASSER ET À FAIRE LA VAISSELLE M' DAME LUCY ?

NON, MERCI PETIT..., PAS AUJOURD'HUI. VA TE COUCHER.

3

DLING DLING DLING DLING

DEBOUT, LES FAINÉANTS, L'EST QUATRE HEURES !

MERDE ! C'EST QUOI ÇA !?

UN NOUVEAU, J'SUPPOSE. 'L'ONT AMENÉ HIER SOIR, TU RONFLAIS, RONFLAIS. RRRH RRRM BEURK !

L' A L'AIR BIEN JEUNE.

'DOIT ÊTRE LÀ' POUR AIDER LA VIEILLE À' PELER LES PATATES HA ! HA ! HA !

ALLEZ LE GOSSE. DEBOUT. ET AU BOULOT. T'ES PAS ICI POUR DORMIR

!?!

MAIS.

Y'A PAS DE MAIS

SI, LYAM ! IL Y EN A UN. LESTER SE REPOSE ET IL EN A LE DROIT CAR LESTER EST UN INVITÉ. IL NE FAIT PAS PARTIE DE LA MAISON ... POUR L'INSTANT.

OUAIS. FAUT VOIR.

IL FAISAIT ENCORE BEAU. ET LES POULINIÈRES POUVAIENT ENCORE DORMIR À L'EXTÉRIEUR. LE SOLEIL D'IRLANDE SE LEVA SUR ELLES ET LES 200 ACRES ⊗ DE BALLYMOSS STUD.

⊗ UN PEU PLUS DE 100 HECTARES.

4

CE SONT LES FOALS. LES POULAINS DE L'ANNÉE, DANS QUELQUES SEMAINES, A SIX MOIS, ILS SERONT SEVRÉS, SÉPARÉS DE LEUR MÈRE ...DÉFINITIVEMENT.

COMME MOI.

ÏÏRH

ÏÏRH   ÏÏRH

BLACK MINSTREL, L'ÉTALON. LE CHAMPION, LA GLOIRE DE BALLYMOSS STUD. UNE BONNE PARTIE DES POULAINS ET POULICHES SONT SES ENFANTS

ÏÏRH

WOOW !

FFRRRR

ÏÏRH   ÏÏRH

QU'EST-CE QU'IL GALOPE !... IL NE SE FATIGUE JAMAIS ?

LUI ?... NON... ET PUIS EN FAIT, IL SENT TOUTES CES JUMENTS, PAS TRÈS LOIN ... ET ÇA LE REND UN PEU ... NERVEUX. C'EST POUR CETTE RAISON QUE LES PAROIS DE SON PADDOCK SONT SI HAUTES...

↑ ! ! !

OUTCHH

HUMPF

H'NOKKK

3

TAAFFE! O'DWYER! CRETINS! ARRÊTEZ IMMÉDIATEMENT!

MERDE! LE PATRON.

?!!

ABRUTIS, STUPIDES IDIOTS! CE N'EST DONC PAS ASSEZ AVEC L'ANGLAIS!? IL FAUT QUE VOUS VOUS COGNIEZ ENTRE IRLANDAIS?!?

NON PATRON! EXCUSES.!

FICHEZ LE CAMP!

ENCORE UNE BAGARRE ET VOUS ÊTES CHASSÉS.

CHASSÉS!

VOUS... VOUS...

AVEZ PAS LE DROIT, PATRON. J'AI BIEN LE... JE PEUX... Z'ALLEZ AVOIR DES PROBLÈMES.

PARDON M'SIEU! MAIS FAITES PAS ÇA...

?..!

TU AS RAISON, GAMIN. JE NE DEVRAIS PAS M'EMPORTER... AUSSI BÊTEMENT.

D'AUTANT QUE... ..RRRH..

MONSIEUR!

CE N'EST RIEN. J'AI L' HA...L'HABITUDE. APPELLE SEULEMENT ...M'AME...M'AME LUCY.

TOUT DE SUITE.

ARFF ARFF AARFF ARF ARFF

TEDLEEEP TEED DLEEP

?!!

OH NON!

C'EST CLERKE-SAUNDERS, LE COLONEL... LE SALAUD AMÈNE SON ÉQUIPAGE PAR ICI.

SON ÉQUIPAGE ?

OUI, C'EST COMME ÇA QU'ON NOMME UNE CHASSE À COURRE. CERTAINEMENT UNE VINGTAINE DE CAVALIERS ET UNE OU DEUX MEUTES DE CHIENS. TOUT CECI POUR UNE BICHE, UN RENARD ... OU UN LAPIN.

MES CHEVAUX VONT DEVENIR FOUS DE PEUR, SURTOUT LES FOALS.

HERB ! RENTREZ BLACK MINSTREL VITE !

OUI PATRON.

C'EST QUI LE COLONEL ... HEU... CLARKE ?

CLERKE-SAUNDERS. COLONEL T-J. CLERKE-SAUNDERS LE GOUVERNEUR DU COMTÉ.

RRRRH

OOFF

8

6

VOILÀ ENTRE... C'EST BIEN.

" C'EST ÇA " VIEUX CUIR " ENTRE !

SHLAAK

OUCHH !

FFRRR...

MON DIEU !

RECULE ! RECULE ! TOI... ALLEZ !

AIDE-MOI, AU LIEU DE... IMBÉCILE, LORSQUE BLACK MINSTREL SERA UN PEU CALMÉ TU LUI ENLÈVERAS LE MORS ET LA LONGE.

MADAME LUCY ! PRENEZ SOIN DU GOSSE JE VOUS PRIE... MOI, JE SENS VENIR UNE GRANDE CATASTROPHE... ET IL FAUT QUE JE M'EN OCCUPE !

8

LES CHIENS POUSSENT VERS CE PRÉ. ALLONS-Y MES AMIS... CELA SENT LE CHEVREUIL JUSQU' ICI.

MAIS! C'EST UN PRÉ AVEC DES JUMENTS SUITÉES ⊗

RAISON DE PLUS MON CHER MOWBRAY.

⊗ MÈRES AVEC LEUR PETIT DE L'ANNÉE.

ILS SONT FOUS!? ILS VONT SAUTER LA HAIE...

BON DIEU!

LE PUR-SANG EST UN ANIMAL TRÈS SENSIBLE QUI NE SUPPORTE PAS CE GENRE D'AGRESSION. DANS CE GENRE DE SITUATION, ON A VU DES JUMENTS AVORTER. DES POULAINS MOURIR! DE PEUR OU BIEN D'ÉPUISEMENT... OU SE BLESSER GRAVEMENT!...

9

DITES DONC BICESTER, C'EST LE RENARD OU LE CHEVREUIL QUE NOUS CHASSONS ; PAS LES FOALS DE CES COCHONS D'IRLANDAIS !

AH AH AH !

SAINT PADDY ! C'EST LE PETIT DE QUEEN OF MEDINA !

EH BIEN, RÉGISSEUR... OU PLUTÔT STUD-GROOM... VOUS AVEZ LE VISAGE BIEN ROUGE... COMME NOS HABITS ?.. VOUS TENTEZ DE DEVENIR ANGLAIS ?.. IMPOSSIBLE.

ALLONS. OUVREZ CETTE PORTE QUE NOUS POURSUIVIONS NOTRE CHASSE !

COLONEL CLERKE SAUNDERS, JE NE MANQUERAI PAS DE PRÉVENIR LA PROPRIÉTAIRE DE CE HARAS, MISS VALENTINE MILLES HANNESSY, DE CE QU'IL S'EST PASSÉ AUJOURD'HUI...

AAHAHAH ! CETTE VIEILLE FOLLE ALCOOLIQUE SERAIT BIEN INCAPABLE DE RETROUVER SEULE LE CHEMIN DE VOTRE... FERME ! TROP OCCUPÉE À JOUER SES DERNIÈRES LIVRES SUR LES TABLES DE KENSINGTON !... ENTRE GIN, XÉRÈS ET SHERRY..

OUVREZ CETTE PORTE IMMÉDIATEMENT OU IL NE RESTERA PLUS UNE JUMENT NI UN POULAIN VIVANT DANS UNE HEURE !...

OUVREZ !

⑩

12

DITES-MOI CHER AMI, QUI EST CETTE MISS... MILLES... LA PROPRIÉTAIRE DU HARAS ? RÉELLEMENT ?

MISS VALENTINE MILLES HANNESSY... UN CAS, ET L'EFFECTIVE PROPRIÉTAIRE DE CE HARAS... UNE SAVOUREUSE HISTOIRE QUE JE VOUS RACONTERAI TANTÔT AVEC UN NON MOINS SAVOUREUX VIN CUIT DU PORTUGAL... DE CELUI QUI DÉLIE LES LANGUES.

C'EST DÉJÀ BIEN PARTI.

QU'AVEZ-VOUS DIT SEAMUS MC MANUS ! OUBLIEZ-VOUS QUI JE SUIS ?

OH ! CELA JE NE RISQUE PAS... COLONEL TEOTEMUS JULIAN CLERKE-SAUNDERS, GOUVERNEUR ANGLAIS DU COMTÉ...

VOUS INSISTEZ LOURDEMENT SUR "GOUVERNEUR" "ANGLAIS" DU COMTÉ" COMME S'IL Y EN AVAIT UN AUTRE... IRLANDAIS PAR EXEMPLE... N'EST-IL PAS, MR MC MANUS ?

LOURDEMENT EST LE MOT VOTRE... HONNEUR !

UN JOUR SEAMUS MC MANUS UN JOUR...

OUI VOTRE "HONNEUR", UN JOUR...

VOUS ÊTES FOU DE LUI PARLER AINSI... FOU

JE SAIS MA BONNE LUCY.

PARDONNEZ SI JE SUIS IMPERTINENT COLONEL, MAIS... POURQUOI N'AVOIR PAS PENDU-POUR LE MOINS-CE GROSSIER PERSONNAGE ?

AH ! AH ! AH ! TROP INTÉRESSANT MON CHER... POUR L'INSTANT.

RETROUVONS LES AUTRES AU RELAIS... LE DERNIER ARRIVÉ DÉBOUCHE LES BOUTEILLES. AH ! AH !

L'INDEX DROIT TE DÉMANGE NON ?

ET COMMENT. MAIS FAIRE UN TROU DANS LE FRONT DE CE PORC APPORTERAIT PLUS DE MAL QUE DE BIEN.

ALORS ?

LE PETIT DE QUEEN OF MEDINA BOITE UN PEU MAIS CELA NE SEMBLE PAS BIEN GRAVE. PAR CONTRE... LE GRAND BAI EST DÉCHIRÉ ET LE FILS DE SAVAGE BEAUTY EST... MORT.

HERB TAFFE S'OCCUPE DES JUMENTS.

UNE D'ELLES, SAVAGE BEAUTY JUSTEMENT, JE CROIS, A SAUTÉ LA HAIE DE CLÔTURE AVEC LES ANGLAIS...

13

RENTRONS-LES TOUS AUX ÉCURIES... LÀ, NOUS FERONS LES COMPTES AVANT DE PARTIR À LA RECHERCHE D'ÉVENTUELS MANQUANTS...

JE... JE SUIS DÉSOLÉ MONSIEUR...

MERCI O'DWYER MAIS VOUS N'Y ÊTES POUR RIEN. ESSAYEZ DE TROUVER DES GENS POUR NOUS AIDER... LE FORGERON DOIT ÊTRE DERRIÈRE...

QUE... QU'EST-CE QU'IL Y A... J'AI... MAL... MAL À LA TÊTE...

OH SEIGNEUR! LE PETIT. JE L'AVAIS PRESQUE OUBLIÉ.

JE SUIS VRAIMENT DÉSOLÉ, MADAME, MAIS J'AI VRAIMENT MAL À LA TÊTE...

ET L'ON DISAIT QUE SAINT PATRICK ET SAINTE BRIGITTE VEILLAIENT SUR L'IRLANDE...

ALORS QUE...

AH! VOUS ÊTES AU RENDEZ-VOUS, MES AMIS! DE LA CASSE? VOUS AVEZ EU TORT DE NE PAS NOUS SUIVRE... NOUS AVONS MIS UNE JOLIE PAGAILLE CHEZ MISS "MÊME-CHOSE-JOE"... AH! AH!

DE LA CASSE? QUELLE IMPORTANCE, QUELQUES OS OU QUELQUES CHEVAUX, NOUS EN AVONS TANT...

LE VIN EST EN PERCE ET LE JAMBON TRANCHÉ. LA GRAISSE DU CHAPON GRÉSILLE SOUS LA FLAMME... VOTRE CHAISE VOUS ATTEND, COLONEL!...

ET ELLE FAIT BIEN. J'AI UNE FAIM DE LOUP!

LE MOMENT LE PLUS IMPORTANT DE LEUR CHASSE...

LORSQUE MON CHEVAL A SAUTÉ CETTE HAIE... PAR SAINT-GEORGE, JE N'AURAIS JAMAIS CRU QU'IL POURRAIT LE FAIRE AH! AH!

AH! AH!

MOI NON PLUS.

LE MIEN A REFUSÉ ET J'AI ÉTÉ EMBRASSER LES PÂQUERETTES

BIEN! ALORS, CETTE HISTOIRE DE LA PROPRIÉTAIRE DU HARAS?

... CHOSE PROMISE... VALENTINE MILLES HANNESSY. JE NE CROIS PAS QU'ELLE AIT JAMAIS MIS UN PIED SUR CETTE DAMNÉE TERRE D'IRLANDE. MISS HANNESSY, D'ORIGINE SUISSE PARAÎT-IL!

ELLE A - DIT-ON - UNE CHANCE INSOLENTE, QUI L'INSTALLE CONFORTABLEMENT À LA LIMITE DE LA LÉGENDE. ET SA SOIF DU JEU N'A D'ÉGALE QUE SA... SOIF - QUI - RACONTE-T-ON - EST IMMENSE.

ELLE L'EST.

JE VOUS DEMANDE PARDON?

J'AI EU L'ÉTONNEMENT DE LA CROISER UN SOIR... ELLE TENAIT À PEINE DEBOUT.

AU PETIT MATIN ON L'EMPORTAIT CHEZ ELLE. TENTANT D'EMPORTER DANS SES BRAS TREMBLANTS DES RECONNAISSANCES DE DETTES QU'ELLE SEMAIT SUR SON CHEMIN.

ON SE BATTAIT SUR SON PASSAGE.

LONDRES.

BONSOIR LADY HANNESSY.

PAS LADY. MISS.

BONSOIR QUAND MÊME.

VOTRE TABLE MISS HANNESSY?

NON. MERCI TIBURCE. JE N'AI PAS FAIM.

MAIS JE SERAI ASSEZ... CHAMPAGNE CE SOIR.

ALORS, CHÈRE AMIE? EN FORME CE SOIR? VOUS AVEZ LE REGARD BIEN TRISTE. LA CERTITUDE D'ÊTRE ENFIN DÉPOUILLÉE?

VOUS ME PARAISSEZ BIEN CAVALIER POUR UN CARROSSIER LORD HUPPONHAVON.

CONTINUEZ! CELA M'ÉCHAUFFE LES SANGS. ET LES SENS. QUE METTEZ-VOUS SUR LA TABLE?

BEAUCOUP PLUS QUE VOUS MILORD.

JE DEMANDERAIS BIEN À VOIR CEPENDANT... AAHH "MADAME HANNESSY"

IL Y A ICI DES SALONS PARTICULIERS. JE VEUX SEULEMENT CINQ TÉMOINS.

"MONSIEUR, VOUS DÉBUTEZ MAL VOUS ME DEVEZ DÉJÀ UNE POIGNÉE DE LIVRES... PLUS DES BROUTILLES... DÉSIREZ-VOUS - DEVANT TÉMOINS - CONTINUER?

JUSQU'À TRÈS LOIN... OUI... ET JE VOUS AURAI.

QUELQUES HEURES PLUS TARD...

DEUX AUTRES BOUTEILLES DE CHAMPAGNE TIBURCE! JE SUPPOSE QUE NOUS EN RESTONS LÀ, MILORD?

PAS DU TOUT! WILLIAM... FONCEZ À LA MAISON ET RAMENEZ-MOI MES CIGARES ET LES TITRES DE PROPRIÉTÉ DE CE HARAS D'IRLANDE.

BIEN MILORD!

ET...

VOUS VOYEZ? J'AI TOUJOURS SUR MOI QUELQUES ACTES NOTARIÉS. NOTAMMENT DEUX GRANDES VILLAS AU BORD DU LÉMAN... J'Y AJOUTE DONC CELUI DE CE HARAS QUE VOUS VOUDREZ BIEN METTRE À MON NOM... IL EST BEAU?

SALOPE!!

13

TOUT JUSTE. ÉCOUTE BIEN TA MÔMAN.

RAMASSEZ VOS HARDES ET FICHEZ LE CAMP D'ICI !

VOUS AVEZ TORT.

DAN!

POURQUOI NOUS AFFAMER ALORS QUE VOUS POURRIEZ ENGRAISSER LES ENFANTS D'IRLANDE POUR LES SERVIR TOUT RÔTIS SUR VOS TABLES ANGLAISES

BIEN ALIMENTÉ, CELUI-CI NE SERAIT PAS LONG A' VOUS FAIRE SES TRENTE KILOS DE BONNE VIANDE.

?

HHMM!

SOLDAT, CETTE TÊTE DE MULE IRLANDAISE TENTE DE S'ENFUIR. ABATTEZ-LA ! FEU !

AR

MAIS!

C'EST UN ORDRE !

OOOH ! MERDE !

DBLAAM

DBLAAM

?!?

?!

NORA NORA NO...

MON DIEU !

ET C'EST MA FAUTE. MOI ET MA MAUDITE LANGUE !

SALAUD! FUMIER! ORDURE!

SOLDATS!

BLAAM

16-

P'PA!

SALAUD

SALAUD

C'EST DU PROPRE! AAAH VOUS VOILÀ BIEN, CABOCHARDS. ENCHAÎNEZ-LE. IL IRA SE CALMER AUX COLONIES.

NOUS AUTRES, ANGLAIS, SOMMES MAGNANIMES, VOUS VOULIEZ UN PEU DE CETTE TERRE? JE VOUS EN DONNE HUIT PIEDS POUR ENTERRER VOTRE BONHOMME... APRÈS... PARTEZ!

BON DIEU! JOSEPH! JÉSUS... MARIE!

C'EST ÇA, DEMANDE-LES TOUS, IL Y A DU BOULOT.

ET EN LES ATTENDANT, ON VA PEUT-ÊTRE SE BOUGER UN PEU NON?

?!

DAN!

DAN!

S'IL TE PLAÎT S'IL TE PLAÎT TAIS-TOI S'IL TE PLAÎT...

CE NE FUT, TOUT COMPTE FAIT, PAS TROP DIFFICILE... MAIS QUAND MÊME... HARRISSON LAISSEZ DEUX HOMMES POUR VÉRIFIER QU'ILS PARTENT. BIEN ET... ENFIN... VOUS SAVEZ...

OUI MONSIEUR.

GODDAM! C'EST TOUJOURS POUR NOUS.

TU L'AS DIT!

POURQUOI TU MARCHES COMME ÇA?

BEN... JE JOUE AU SOLDAT! C'EST BIEN CE QUE NOUS FAISONS ICI NON?

CONTRE DE PAUVRES PAYSANS PAUVRES. UNE-DEUX-UNE.

PPAW

MERDE!

17.

19

ATTENTION.
ILS VISENT JUSTE.
ILS ONT EU WILLY.

ALLEZ M'MAN!
ON REVIENDRA APRÈS.
MAIS, ALLEZ M'MAN!
PENSE PLUS À RIEN!
REMUE TES JAMBES!
ALLEZ M'MAN.

PLUS
PERSONNE
!!

PRENEZ À' GAUCHE!
NOUS ALLONS DE
CE CÔTÉ'.

WOW!

IL FAUT
RETROUVER
LA...LA VEUVE
CLARKE...
ET LA CACHER
AVEC SON
PETIT.

SI ON LA
PLANQUAIT
AU HARAS
!?!

IDIOT!
C'EST LE PREMIER
ENDROIT QU'ILS
VONT FOUILLER.
NAN! NAN!
MAIS D'ABORD
LA RETROUVER...

COMMENT
ON FAIT
?

... ON Y
RETOURNE
ET ON SE
SÉPARE...

BALLYMOSS STUD...

TAAFFE ! O'DWYER ! FERMEZ TOUTES LES PORTES.

BIEN M'SIEU Mc'MANUS.

AH ! AUPARAVANT, O'DWYER, SELLEZ MOI HACK O. JE PARS A' LA RECHERCHE DE SAVAGE BEAUTY.

EXPLIQUEZ-MOI PAR OÙ VOUS CROYEZ QU'ELLE S'EST SAUVÉE. EST-CE QUE BEAR S'OCCUPE DU GRAND BAI ?

IL L'A RECOUSU, MONSIEUR ET J'AI MIS DE L'ONGUENT SUR LA JAMBE DU PETIT DE QUEEN OF MEDINA. ILS VONT AUSSI BIEN QUE POSSIBLE, MONSIEUR.

MERCI O'DWYER.

C'EST PAS BIEN PRUDENT QUAND MÊME... DANS SON ÉTAT.

IL RESTE DU CAFÉ LUCY ?

DING DING DING DING

OUI, MAIS TU VAS ATTENDRE UN PEU... ELLE APPELLE.

VA VOIR S'IL Y A DES OEUFS FRAIS...

ARRÊTEZ !

?!

!?!

NON ! NON ! NON ! N'AYEZ PAS PEUR, CE N'EST QUE NOUS ... DES AMIS. RACONTEZ. QUE S'EST-IL PASSÉ ?

MON DIEU.

CES COUPS DE FEU...

M'AME CLARKE !

M'MAN...

ILS ONT TUÉ P'PA ET PUIS EMMENÉ DAN. -AVEC DES CHAÎNES- ET ILS ONT MIS LE FEU À' LA FERME -ET TUÉ LA MULE. ET ON A CACHÉ BIEN P'PA TOUT MORT POUR QU'IL RESTE CHEZ NOUS... ... ENFIN ... CHEZ LUI...

VENEZ AVEC NOUS. AYEZ CONFIANCE. NOUS VOUS PROTÉGEONS MAINTENANT.

FAUT PRENDRE PAR LES CHAMPS.

'VA PLEUVOIR

ALLONS, LA VOILÀ!... LA PLUIE!

AH! C'EST ICI QU'ILS SONT PASSÉS... ELLE A SUIVI... FATALEMENT.

SALETÉ DE PAYS.

BAH! TU SAIS "CE QU'ILS DISENT. C'EST BON SIGNE. QUAND IL PLEUT C'EST QU'IL FERA BEAU APRÈS..."!

MERDE! JE VAIS ÊTRE TREMPÉ JUSQU'AUX OS! ...J'AI BIEN ENVIE DE LUI COLLER SES ŒUFS SUR LE NEZ, À' LA LUCY!

WOW LÀ'... ÇA! TOMBE!

BON SANG! MON VIEUX SEAMUS MC'MANUS, AVEC TOUTE CETTE EAU, LES TRACES VONT S'EFFACER...

SAVAGE BEAUTY OÙ ES-TU DONC?

ET DANS QUEL ÉTAT ?!?

HATCHII!

HEU!... J'AI PRIS FROID! DIS-DONC, JE TE CONNAIS PAS, TOI... QUI TU ES??

MON NOM, C'EST L'... SEAN. SEAN LESTER ET J'AI LES MAINS LIBRES... ALORS QUE TOI... MAIS C'EST VRAI, JE SUIS PAS D'ICI.

M'OUI... TU CONNAIS BEAR, LE FORGERON? C'ÉTAIT POUR TOI LES COUPS DE FEU TANTÔT?... HEU... JE CROIS BIEN AVOIR VU UNE FORGE... LA' DERRIÈRE!...

ALLONS-Y VITE, JE VAIS ATTRAPER LA CRÈVE ET PUIS, J'AI LES POIGNETS EN SANG.

BON

APRÈS TOUT, DIS-DONC POURQUOI TU TE CACHES? IL N'Y A QUE DES IRLANDAIS ICI...

Y'A DES SALAUDS ET DES TRAÎTRES PARTOUT.

AH! CE N'ÉTAIT QU'UNE AVERSE!

AUTANT CONTINUER MAIS DANS QUEL SENS?

NOUS REPARTONS VIEIL AMI... DÉSOLÉ.

?!

HRRFF

SAVAGE BEAUTY!

HRRFF

BON DIEU!

25

IIIRR

ELLE A DÛ GLISSER DANS CE FOSSÉ D'IRRIGATION ET AVEC LA CRUE OCCASIONNÉE PAR LES PLUIES... ELLE EST ENGLUÉE DANS LA BOUE...

PAS D'AUTRE SOLUTION !

VAS-Y MÉMÈRE ! DU COURAGE ! SORS LA TÊTE DE CETTE MERDE ! RESPIRE !

ELLE A LES JAMBES PRISES PAR DES BRANCHAGES...

S'IL TE PLAÎT, MÉMÈRE ! S'IL TE PLAÎT. LAISSE-MOI TE PASSER CETTE LONGE AUTOUR DE TA TÊTE !

NON ! TE LAISSE PAS ALLER ! TE COUCHE PAS !

ELLE EST ÉPUISÉE.

DÉSOLÉ MA PAUVRE, MAIS JE NE PEUX PAS FAIRE AUTREMENT.

ALLEZ DEBOUT !

SSLAAFF

LÈVE-TOI !

HIIRR SSLAFF

26

FICHE LE CAMP! SAUTE! GRIMPE-MOI CE FOSSÉ! SAUTE! SAUTE!

ALLEZ! GRIMPE!

ÍÍRH

NON!

TU DIS QUE LE PATRON EST PARTI PAR CE TEMPS-LÀ À LA RECHERCHE D'UNE JUMENT?

À LA POURSUITE ET À LA RECHERCHE.

J'AIME PAS BEAUCOUP ÇA P'TIT!!

HÉ, DAN. GRIMPE DANS MA PIAULE, LÀ-HAUT ET FAIS SÉCHER TES FRINGUES, REPOSE-TOI. PERSONNE IRA TE CHERCHER CHEZ MOI. PERSONNE OSERAIT. ESSAIE DE DORMIR. ON CAUSERA APRÈS... Y'A DU RHUM SOUS LE LIT. TU PEUX.

27

TU VAS
GRIMPER.

JE TE JURE
QUE TU VAS
GRIMPER,
CE DAMNÉ
TALUS !

SLAAF

PRRH

JE VAIS FAIRE FONDRE LES CHAÎNES.
LES TRANSFORMER... PAS UN MOT
DE TOUT CECI À QUI QUE CE SOIT,
PETIT, TU M'AS COMPRIS !

POUR QUI
ME PRENEZ
VOUS
MONSIEUR ?

M'OUAIS ! TIENS,
ESSAIE PLUTÔT DE
ME TROUVER DU
CAFÉ... ET DU
FORT...
ET
SILENCE !

COMME SI
C'ÉTAIT FAIT.

DAN !

JE CONNAIS PAS
CE GOSSE ! ALORS...
ON SAIT JAMAIS...
RAMASSE TES
FRINGUES ET
SUIS-MOI.

LONDRES...

OUI, CHER AMI. J'AI, CETTE ANNÉE, UN POULAIN D'EXCEPTION. ET JE SUIS PRÊT À... LE PROUVER AUX AMATEURS DE SENSATIONS FORTES DÉCIDÉS À PERDRE UN PEU D'ARGENT.

?!!

DITES-MOI, HOWARD... N'AI-JE PAS QUELQUE CHOSE AVEC DES CHEVAUX? VOUDRIEZ-VOUS POSER LA QUESTION À MON AVOUÉ?

JE L'AI, CROISE IL Y A CINQ MINUTES MISS.

HMMM... QUELQUE CHOSE AVEC DES CHEVAUX, MISS HANNESSY? HMM... OUI. BIEN SÛR. IL FAUT QUE JE VÉRIFIE LE COMPTE EXACT, MAIS IL Y A ENTRE AUTRES, UNE SOIXANTAINE DE BOXES À CHEPSTOW...

ET... J'EN SUIS PRESQUE CERTAIN, UN ÉLEVAGE DANS LA VERTE ERIN... ASSEZ IMPORTANT EN FAIT... DE... DE CHEVAUX DE COURSE.

JE POSSÈDE DES CHEVAUX DE COURSE?

PAS DEPUIS BIEN LONGTEMPS MAIS... ASSEZ. OUI...

HEU... JE NE SAURAI VOUS LE DIRE AVEC PRÉCISION AVANT DEMAIN MIDI, MAIS VOUS DEVEZ POSSÉDER UNE OU DEUX FERMES EN... AUTRICHE OU SUISSE AVEC DES CURIEUX CHEVAUX À CRINIÈRE BLONDE... DES HAFLOONG... HAFLENG... JE POURRAI VOUS LE DIRE DEMAIN...

TREIZE HEURES.

AUJOURD'HUI, J'AI BIEN L'IMPRESSION QUE JE NE JOUERAI QUE PAR HABITUDE.

ALLONS-Y, HOWARD.

C'EST CURIEUX.

JE ME... JE NE ME SENS PAS TRÈS BIEN... OPPRESSÉE...

UN INSTANT HOWARD JE... JE... LA TÊTE ME TOURNE.

?

MISS HANNESSY!!

DEUX HEURES PLUS TARD...

CHÈRE AMIE, JE NE VOUS TIENDRAI PAS LES MÊMES PROPOS QU'UN CERTAIN NOMBRE — LE PLUS IMPORTANT (EN QUANTITÉ) DE MES CONFRÈRES... NI BOUILLON CLAIR NI SAIGNÉE, NI SANGSUES, NI VIANDE BLANCHE.

DU BON GROS STEAK SAIGNANT. DU VIN DE FRANCE. ROUGE. DE BOURGOGNE ET DE L'AIR PUR. PAS DE FUMÉE DE CIGARES. PLUS DE NUITS BLANCHES.

MAIS DE LA MARCHE. DE L'EXERCICE EN CORNOUAILLES, DANS LE KENT OU MÊME EN ÉCOSSE... MISS HANNESSY, PARTEZ VOUS REFAIRE DES FORCES... ET UNE SANTÉ !

LAISSEZ-NOUS TODD.

BIEN MONSIEUR.

J'AI LES DOCUMENTS. C'EST LE DOMAINE QUE VOUS TENEZ DE ...HEU...FEU LORD HUPPONHAVON. UN PEU PLUS DE 200 ACRES DE BONNE TERRE D'IRLANDE, PLUS DEUX ÉTANGS ET UN BOIS. LE BALLYMOSS STUD. IL EST PRESQUE À VOUS.

"PRESQUE" À MOI ?

OUI. UNE PETITE CLAUSE ...LÀ'...

ASSEZ CURIEUSE D'AILLEURS... QUELLES QUE SOIENT LES CIRCONSTANCES, LA PROPRIÉTÉ (LÉGALEMENT) NE PEUT APPARTENIR QU'À UNE PERSONNE DE LA NOBLESSE BRITANNIQUE.

ET VOUS ÊTES SUISSE !

QUOI ?

EH BIEN, OUI, DÉSOLÉ ! C'EST COMME ÇA. BALLYMOSS STUD DOIT RESTER ANGLAIS. NI CHINOIS NI PÉRUVIEN... NI SUISSE. BALLYMOSS STUD N'EST PAS RÉELLEMENT À VOUS. IL FAUDRA PLAIDER. CELA PRENDRA DU TEMPS... ET... PAS SÛR DE GAGNER.

JE VOIS.

NOTEZ QUE LE CABINET D'AVOCATS INCHBALD INCHBALD ET WESSEX...

TAISEZ-VOUS CINQ MINUTES.

DÉCROCHEZ-MOI UN DUC, UN COMTE OU UN BARON À LA LIMITE DE LA MOMIFICATION ET SURTOUT RUINÉ. COMPLÈTEMENT À SEC. JE L'ÉP... ENFIN... IL M'ÉPOUSE ET ME VEND SON NOM. JE SUBVIENS À SES BESOINS. À LA LIMITE DU RAISONNABLE... ET INTERDICTION DE M'APPROCHER À MOINS D'UN MILE... NAUTIQUE.

RÉGLEZ ÇA !

HOWARD ! UN RENDEZ-VOUS CHEZ WEATHERILL, À SAVILLE ROW. POUR UNE TENUE D'AMAZONE.

HEU... BIEN.

VOUS MONTEZ À CHEVAL ?

MAINTENANT QUE J'AI... QUE JE VAIS AVOIR UN HARAS ET CE QU'IL Y A DEDANS ET TOUT AUTOUR, NE TROUVERIEZ-VOUS PAS ANORMAL QUE JE NE LE FISSE POINT ?

HEU... MISS HANNESSY... VOUS LE VOULEZ POUR QUAND VOTRE ARISTOCRATE SANS LE SOU ?.. À LA LIMITE DE LA MOMIFICATION !!!

AVANT-HIER MATIN À SIX HEURES DOUZE !... LE PLUS TÔT POSSIBLE CHER CRÉTIN !..

HOWARD, S'IL VOUS PLAÎT, DÉNICHEZ-MOI TOUS LES RENSEIGNEMENTS POSSIBLES SUR CETTE IRLANDE, LA RÉGION OÙ SE TROUVE BALLYMOSS STUD... TOUT SUR SES CHEVAUX AUSSI. BON SANG, HOWARD ! JE ME SENS REVIVRE !

BALLYMOSS STUD.

MERDE. JE NE VAIS QUAND MÊME PAS CREVER ICI ...DANS LA BOUE.

VOILÀ'... HEU... M'SIEU! ... MAIS AVEC LE TEMPS QU'IL FAIT LA'-DEHORS, IL Y A, PEUT-ÊTRE, UN PEU PLUS D'EAU QUE PRÉVU AVEC VOT' CAFÉ! ...

TU COMPTES RESTER LONGTEMPS ICI , P'TIT?

JE NE SAIS PAS. J'AI PAS CHERCHÉ VRAIMENT A' VENIR ...ALORS...

MAIS COMME M'SIEUR SEAMUS ET MM' LUCY M'ONT DONNÉ LE BOIRE ET LE MANGER ET LE DORMIR, IL SERAIT PAS BIEN QUE JE PARTE SANS LES PAYER EN TRAVAIL.

C'EST PAS QUE JE SOIS COURAGEUX MAIS J'AI PAS PEUR DE L'EFFORT ET EN TOUT CAS, ON M'A APPRIS A' PAS ÊTRE VOLEUR OU MALHONNÊTE ET A' RÉGLER CE QUE JE DOIS.

WOW!

BEN... OUI.

JE VOUS DEMANDE PARDON DE ME MÊLER DE CE QUI NE ME REGARDE PAS ... MAIS.. ON DEVRAIT PAS ALLER VOIR?... POUR M'SIEUR SEAMUS ? IL AVAIT SI MAL AU COEUR, TANTÔT...

HMM ... VAIS JETER UN COUP D'ŒIL. NE RESTE PAS ICI, GARS, ESSAIE D'AIDER M'ME LUCY.

BIEN.

30

JE SAIS VRAIMENT PLUS OÙ J'EN SUIS. ET SI JE N'AVAIS PAS DONNÉ MA PAROLE... C'EST TOUT MA FAUTE, J'AURAIS JAMAIS DÛ VENIR ICI. MAIS CONTINUER TOUT SEUL.

C'EST COMME PASSER D'UN PIÈGE À UN AUTRE ET QUE JAMAIS ÇA SE TERMINE.

ENCORE HEUREUX SI J'Y LAISSE PAS LA VIE, LA PEAU, LE CŒUR DU LA TÊTE...

NE VOUS ÉNERVEZ PAS S'IL VOUS PLAÎT. TOUT VA BIEN. JUSTE DU VENT ET DE LA PLUIE. JE SAIS QUE VOUS N'AIMEZ PAS ÇA, MAIS CALMEZ-VOUS.

VOUS VOULEZ QUELQUE CHOSE? SI VOUS VOULEZ QUELQUE CHOSE, CLIGNEZ DES YEUX.

JE VAIS RATTACHER LE CORDON DE LA CLOCHETTE À VOTRE MAIN. SI VOUS AVEZ BESOIN DE MOI, UN MOUVEMENT... UN TOUT PETIT MOUVEMENT.

M'SIEU' McMANUS

M'SIEU McMANUS

NOUS LES AVONS BIEN MOUCHÉS, CES IRLANDAIS STUPIDES. PAS VRAI SAUNDERS?

COLONEL T.J.C. SAUNDERS... DU EXCELLENCE... POUR UNE FOIS JE VOUS LAISSE LE CHOIX.

31

VOTRE FAVORI POUR LE DERBY ?

SANS NUL DOUTE COTHERSTONE. ET IL GAGNERA LES 2000 GUINEAS AVANT...

EXACT, IL L'A FAIT.

WELL, CERTAINS SEMBLENT AVOIR PLUS OU MOINS BIEN SUPPORTÉ CETTE JOURNÉE... GRAHAM ! ENVOYEZ CHERCHER LES CABS QUI RECONDUIRONT LES... FATIGUÉS.

BIEN

QU'EST-CE TU PENSES DE TOUT ÇA O'DWYER ?

SI LE PATRON REVIENT ASSEZ TÔT, J'M'EN VA LUI DEMANDER MA PAIE DE LA SEMAINE. C'EST FÊTE CE SAMEDI. ET J'AI BEN L'INTENTION DE PRENDRE DU BON TEMPS.

J'T'AI POSÉ LA QUESTION : "QU'EST-CE TU PENSES DE TOUT ÇA ?..." ET PAS : "QU'EST-CE TU FAIS APRÈS-DEMAIN ?"

VA AU DIABLE TAAFFE !

J'EN AI MARRE DE TOI, MEC. UN JOUR — JE TE PRÉVIENS — JE TROUVERAI L'OCCASION. — ET C'EST PEUT-ÊTRE PAS SI LOIN QUE ÇA !...

GNÂH ! GNÂH !

SI ÇA SE TROUVE, LA MORT DE CET IMBÉCILE DE SOLDAT WILLY VA ENCORE ME RETOMBER SUR LE DOS. LA PROCHAINE FOIS, JE FAIS BRÛLER CES BOUSEUX AVEC LEUR FERME.

C'EST DRÔLE, MAIS À BIEN Y PENSER, NOUS AUTRES ANGLAIS NE DÉTESTONS PAS LE MONDE ENTIER.

NOUS NOUS PLAISONS À LE MÉPRISER.

ET MOI PLUS QUE NOMBRE DES MIENS.

HÉ ! HÉ ! O'ENGLAND MON COEUR DE LION JUSQU'OÙ ALLONS-NOUS TE POUSSER ?

34

32

LONDRES.

C'EST RÉGLÉ ?

ENCORE UNE PETITE SIGNATURE ICI... ET ICI. VOUS AUSSI MILORD. ET JE POURRAI VOUS APPELER LADY VALENTINE DUCHESS OF BEDGRAFTON.

BIEN. HOWARD! INCHBALD! SI NOUS NOUS OCCUPIONS DE FÊTER CECI... ET DE MA NUIT DE NOCE.

NOTRE NUIT DE NOCE ?

MA NUIT DE NOCE MONSIEUR LE DUC ET "CHER" ÉPOUX.

NOUS LA VIVRONS AU MÊME MOMENT MAIS SÉPARÉMENT. CHAPITRE 14, ALINÉA 4 DE NOTRE CONTRAT.

MAIS RASSUREZ-VOUS. JE NE SUIS PAS INSENSIBLE. NOUS VOUS AVONS TROUVÉ DEUX OU TROIS GOURGANDINES PEU FAROUCHES ET SUFFISAMMENT VÉNALES QUI ME REMPLACERONT SI PAS AVANTAGEUSEMENT, AU MOINS EFFICACEMENT.

JE FERAI PRENDRE DE VOS NOUVELLES DEMAIN... OU APRÈS... PRENEZ SOIN DE VOTRE SANTÉ... ET DE LA LEUR.

CHER HOWARD. VOUS AVEZ BIEN RÉSERVÉ LE "BLACK SWAN" ? ET VEILLÉ À CE QU'IL Y AIT DU BEAU MONDE POUR NOTRE DERNIÈRE SOIRÉE À LONDRES AVANT LONGTEMPS ?

NOTRE ?

VOUS NE PENSIEZ QUAND MÊME PAS QUE J'ALLAIS Y ALLER SEULE, NON ?

VOILÀ COMMENT JE CONÇOIS UNE NUIT DE NOCE. BON SANG! DEMAIN NOUS PARTONS.

VOTRE CHAMPAGNE MISS VALENTINE ?

LADY VALENTINE MON PETIT. LADY VALENTINE. ET... NON. FINI LE CHAMPAGNE. JE VEUX DU LAIT MON PETIT. DU BON LAIT FRAIS.

33

HOWARD ?!

IL FAUT REJOINDRE PLYMOUTH PUIS LE BATEAU JUSQU'À WATERFORD ET DE LÀ, NENAGH! OU ALORS DE CHEZ LES GALLOIS ET BATEAU DE FISHGARD VERS WICKLOW...

ON DIT PLYMOUTH ?

ON DIT PLYMOUTH. DOLLY, TU NE VEUX PAS ÊTRE GENTILLE AVEC HOWARD ?

NAN !

MERCI DOLLY. C'EST TOUJOURS AGRÉABLE À ENTENDRE. DIX HEURES, LE DÉPART. C'EST BON ??

AU PLUS TARD SEPT HEURES HOWARD.

IRLANDE. BALLYMOSS STUD.

BULL FINCH "BEAR" A RAMENÉ LE PATRON. PUIS M'A ENVOYÉ RÉCUPÉRER SON CHEVAL ET VOUS CHERCHER, DOC.

AH ! VOUS VOILÀ, DOC ! J'AI CRAINT QUE VOUS NE PUISSIEZ VENIR. MONSIEUR MC MANUS EST BIEN MAL.

LE FROID, L'HUMIDITÉ LES EFFORTS, IL A TRÈS BIEN SUPPORTÉ...

C'EST SON COEUR QUI M'INQUIÈTE...

IL A EU UNE... CHANCE INOUÏE...

VOYEZ CET HÉMATOME SUR SA POITRINE. IL A DÛ TOMBER PILE SUR UNE PIERRE ET CE COUP VIOLENT A MIRACULEUSEMENT FAIT REPARTIR LE COEUR.

HONNÊTEMENT, JE CROIS QU'IL VA S'EN SORTIR, M'AME LUCY. IL LUI FAUT DU REPOS ET DU CALME... BEAUCOUP DE CALME.

HEU... S'IL VOUS PLAÎT.

C'EST RAPPORT À SAVAGE BEAUTY ! C'EST DE LA CHANCE QUE VOUS SOYEZ LÀ DOC... PROBABLE L'ÉMOTION.

J'CROIS BEN QU'ELLE VA POULINER.

EFFECTIVEMENT. JE PENSE QUE... MAIS BON DIEU ! JE SUIS MÉDECIN PAS VÉTÉRINAIRE... JE... IL VAUDRAIT MIEUX LA LAISSER SEULE... HEU... LA NATURE...

34

Z'AVEZ RAISON, DOC. ET IL SERAIT BON DE NE PAS L'ÉNERVER PLUS EN OCCUPANT SON ÉCURIE... ALLEZ, JE VAIS M'EN OCCUPER. RENTREZ AU CHAUD.

C'EST PROBABLEMENT PLUS VOTRE PLACE QUE LA MIENNE, MONSIEUR FINCH.

ON M'A TOUJOURS DIT QUE JE FINIRAIS SUR LA PAILLE, DOC. AUTANT QUE CE NE SOIT PAS CELLE D'UNE GEÔLE. CELLE-CI ME PLAÎT.

HEU... MOI JE PEUX RESTER M'SIEU'? JE ME FERAI TOUT PETIT. ET JE PEUX AIDER SI C'EST POSSIBLE.

HUMMM! BIEN. VA ME CHERCHER UN SEAU D'ORGE ET D'AVOINE, TROIS MESURES DE CHAQUE. AVEC DU SON ET DES FLOCONS DE MAÏS. UNE MESURE DE CHAQUE. UNE VINGTAINE D'ŒUFS ET TROIS PINTES DE BONNE BIÈRE NOIRE... POUR COMMENCER.

COMME SI C'ÉTAIT FAIT PATRON...

MALAXE BIEN. CE MÉLANGE L'AIDERA A' REPRENDRE DES FORCES ET A' AVOIR DU LAIT.

LÀ, ELLE FOUILLE. ELLE CHERCHE SA PLACE POUR FAIRE SON POULAIN... OU SA POULICHE! LES ANCIENS DISENT QU'ELLE TIENT COMPTE DE LA LUNE, DES SOURCES... DE TAS DE TRUCS QUE JE NE COMPRENDS PAS.

BEN DIS DONC!

J'AI VÉRIFIÉ, EN LUI BANDANT LA QUEUE... TOUT SE PRÉSENTE BIEN. LE PETIT DOIT ARRIVER COMME ÇA. UN PIED PLUS AVANT QUE L'AUTRE ET LA TÊTE POINTÉE ENTRE LES DEUX.

35

BULL FINCH "BEAR" EST RESTÉ ENCORE UNE HEURE. LE POULAIN A BIEN BU. DÉJÀ COSTAUD SUR SES LONGUES JAMBES.

AVANT DE SE COUCHER IL EST ALLÉ ENFOUIR L'ARRIÈRE-FAIX AU PIED D'UN POMMIER.

SUR LE "SEA LION" AU LARGE DE PLYMOUTH

PUIS-JE VOUS POSER UNE QUESTION LADY VALENTINE ?

PERMETTEZ-VOUS HOWARD.

CE N'EST PAS VOTRE... HEU... IMPUDEUR QUI M'A ÉTONNÉ LORS DE NOTRE DERNIÈRE SOIRÉE À LONDRES... C'EST... CETTE FILLE... DOLLY.

HOWARD, VOUS NE PENSIEZ PAS QUE J'ALLAIS TROMPER MON MARI LE JOUR DE MON MARIAGE ?

ET PUIS D'ABORD, CE N'ÉTAIT PAS DE L'IMPUDEUR MAIS UN MANQUE DE PUDEUR. C'EST DIFFÉRENT. TIENS, COMME NOUS NE SOMMES PLUS SUR TERRE... ARRÊT PROVISOIRE DU LAIT. ÇA BOIT QUOI, UN MARIN EN MER... HOWARD ?

HEU... JE NE... DU RHUM ? DU RYE ? DU WHISKY ? ... ...DE L'EAU ?

FAITES-MOI APPORTER LES DEUX PREMIERS HOWARD.

ET GARDEZ LES DEUX AUTRES.

VOICI LADY VALENTINE.

BIEN. DONNEZ-LES AUX MARINS DE CE PONT ET FAITES-MOI AMENER UNE BONNE SOUPE. J'AI FAIM, HOWARD.

AUPARAVANT. PRÈS DE BALLYMOSS STUD IRLANDE.

37

ÉCOUTEZ !!! CES COUPS DE FEU. CE NE SONT PAS DES CHASSEURS ??

ILS VIENNENT QUAND MÊME PAS TIRER SUR LES TERRES DU HARAS ? PAS POSSIBLE ?!...

OUAIS... BON... HEU... TU VIENS A' LA FÊTE DU VILLAGE, TANTÔT, BULL FINCH ? Y' AURA TOUT LE MONDE...

MAïS !!!

38

M'AM LUCY QU'EST-CE QUE J'AI DIT DE MAL ?

RIEN.

SEULEMENT, VOIS-TU, MONSIEUR SEAMUS MCMANUS N'EST PAS VRAIMENT BIEN. IL EST COUCHÉ. IL NE FAUT PAS LE DÉRANGER. C'EST AUSSI LE SEUL, ICI, QUI PUISSE TENIR TÊTE À'... À' CES... LES AUTRES RISQUENT- POUR LE MOINS- LES FERS ET LA DÉPORTATION... TU VOIS ? ET TOI AUSSI... DONC: TAIS-TOI.

KLAN KLAN KLAN

M'SIEU' BULL FINCH...

OUAIS... QUOI ENCORE ?!?

J'AI RÉUSSI À' PRENDRE ÇA SUR MA RATION DE CE MATIN ET D'HIER SOIR. VOUS POURRIEZ LE DONNER À' DAN ? OU VOULEZ-VOUS QUE JE LUI PORTE, AU-DESSUS DES BOXES DES JUMENTS VIDES, LA' OÙ VOUS L'AVEZ CACHÉ ??

?!?

HMMM! C'EST BON. POSE-LE SUR L'ÉTABLI.

JE POURRAI ALLER AVEC VOUS À' LA FÊTE ?

QUAND LE TRAVAIL SERA FAIT, S'IL EST FAIT UN JOUR. AUJOURD'HUI ON VA GARDER LES CHEVAUX DANS LES PADDOCKS PROCHES DES BÂTIMENTS.

HEU... COLONEL SAUNDERS EST-CE BIEN... LÉGAL CE QUE NOUS FAISONS ?

LE PREMIER QUI TENTE DE M'EN EMPÊCHER, JE LUI FERAI UN JOLI CADEAU: UNE CENTAINE D'ANNÉES DE VACANCES FORCÉES DANS L'UNE DE NOS BELLES COLONIES, AVEC CENT KILOS DE CHAÎNES POUR TOUT COSTUME...

ET SOUS N'IMPORTE QUEL PRÉTEXTE. CE SERA LE PLUS DIFFICILE ...CHOISIR.

AH! AH! AH!

ALLONS. LA JOURNÉE SERA BONNE.

SOURIEZ MON CHER MOWBRAY... ET CESSEZ DE PANIQUER, NOUS SOMMES ENTOURÉS DE VINGT DE MES MEILLEURS HOMMES. DE PLUS ILS NOUS SERVENT DE RABATTEURS... AH! AH!

39.

POURQUOI LA PROPRIÉTAIRE DU HARAS N'HABITE PAS ICI ?.. ELLE POURRAIT TOUT ARRANGER ... PEUT-ÊTRE.

JE NE SUIS PAS BIEN AU COURANT DE L'HISTOIRE. MISS HANNESSY NE POSSÈDE PAS BALLYMOSS STUD DEPUIS LONGTEMPS. LE PATRON - MR. MACMANUS - A REÇU UN COURRIER. C'EST TOUT. INDIQUANT LE CHANGEMENT DE PROPRIÉTAIRE. ON NE SAIT PAS NON PLUS POURQUOI NI COMMENT LORD HUPPONHAVON A CÉDÉ LA PROPRIÉTÉ ...

NOUS NE SAVONS MÊME PLUS À' QUI APPARTIENNENT LES CHEVAUX DE MILORD, MAINTENANT. S'ILS SONT TOUJOURS À' LUI. IL Y EN A UNE DOUZAINE DONT BLACK MINSTREL, L'ÉTALON. LES AUTRES SONT À' DIFFÉRENTS PROPRIÉTAIRES. CE SONT LES PENSIONS (QUAND ELLES SONT PAYÉES) QUI FONT "TOURNER" LE HARAS.

MAIS SUFFIT MAINTENANT. NOUS ARRIVONS AU VILLAGE.

THE MARBLE BAR

BAR

TODAY RACES POINT TO POINT

SARAH DEVINERESS

40

42

TU AS DE L'ARGENT PETIT ?... POUR T'AMUSER UN PEU.

NON, M'SIEU' BULL MAIS JE N'EN AI' PAS BESOIN.

REGARDER ME SUFFIT.

TU NE DESIRES DONC RIEN ?

SI JUSTEMENT! JE VOUDRAIS TOUT. C'EST POUR ÇA QUE JE PRÉFÈRE LE PRENDRE AVEC LES YEUX.

C'EST UN MÂT DE COCAGNE. J'EN AI VU UN, UNE FOIS, A' KILLARNEY. QUAND J'ÉTAIS PETIT.

OHOO!

ALLONS! ALLONS! LES COURAGEUX! QUI VA OSER AFFRONTER WONG, LE TIGRE GÉANT DE MONGOLIE ?... OU TAM-TAM, LA SOMBRE BRUTE MANDINGUE? QUI RELÈVE LE DÉFI ?!

PRENDS CES QUELQUES PIÈCES.

MAIS.

CHHHT. TU LES AS BIEN MÉRITÉES. ET... MR. SEAMUS ME REMBOURSERA.

MOI, JE VAIS BOIRE UN COUP. C'EST LE MEILLEUR ENDROIT POUR APPRENDRE LES DERNIÈRES NOUVELLES DE LA RÉGION.

HÉ BUTLER, J'AI CRU VOIR QUELQUES-UNES DE TES BREBIS VERS BALLYNAFOONEY AVEC UN JEUNE MÂLE QU'AVAIT PAS TA MARQUE.

P'TÊTR'BEN UNE DES BÊTES DE LA VEUVE DOYLE ... A PEUT PLUS S'EN OCCUPER. L'EST MORTE Y'A DIX JOURS.

SALUT TOUT LE MONDE. UNE PINTE DE STOUT.

SALUT BULL.

SALUT BULL.

DU NEUF A' BALLYMOSS?

RIEN DE BIEN SPÉCIAL. LES POULAINS SONT BEAUX. MAIS REGARDEZ LES D'A RADER, CEUX-LA'. SAUNDERS, MOWBRAY ET CE CHIEN D'HODGSON!

ALLONS! ALLONS! PERSONNE NE VEUT GAGNER LA BOURSE DE DIX LIVRES ? QUI VA OSER AFFRONTER WONG LA TERREUR JAUNE OU TAM-TAM LE MONSTRE NÈGRE ? PERSONNE N'A ENVIE DE DIX LIVRES ?

ALLONS! ALLONS!

MOI!

DANIEL O'DOOLEY. UNE SEULE DÉCHIRURE A' TES VÊTEMENTS ET TU DORS CETTE NUIT DANS LA GRANGE!

41

43

REGARDEZ BIEN CES DEUX-LA' MESSIEURS ... DANS LEURS JARDINS POUSSENT LES PLUS BELLES FLEURS ET LES PLUS BEAUX LÉGUMES DE TOUT LE COMTÉ.

PARCE QU'IL N'Y A PAS PLUS BEAUX FUMIERS A' DES MILES ET DES MILES A' LA RONDE.

VAS-Y DAN! ÉCRASE-LUI LE NEZ!

ET LE RESTE

PENSE A' LA GRANGE DAN O'DOOLEY!

T'ES SÛR QUE C'EST DAN O'DOOLEY?

SAIS PAS. JE RECONNAIS PLUS SON VISAGE MAINTENANT.

QU'IL EST ? OÙ IL EST ??

NOTSS

KNOK

HOUTCH

OUT! AU SUIVANT

QUE MIJOTENT-ILS CES DEUX-LA' ?... RIEN DE TRÈS NET, C'EST CERTAIN.

A QUI LE TOUR ?

ICI !

A MOI, MAINTENANT ! ET AVEC LE JAUNE, LÀ. IL NE S'EST PAS BEAUCOUP DÉPENSÉ, LUI.

UN ANGLAIS VA MONTRER A' CES PÉQUENAUDS D'IRLANDAIS COMMENT ON SE BAT !

ALORS ?

ON Y VA ?

OU ON ME DONNE LES DIX LIVRES TOUT DE SUITE.

OHOOOH !

LAISSE CES GARS TRANQUILLES.

HEIN ? QUOI ? C'EST TOI QUI VEUX ME COLLER LES EPAULES AU SOL ? UN VIEILLARD ?

OHOOO !

JE PEUX AU MOINS ME DONNER LE PLAISIR D'ESSAYER.

C'EST LA FÊTE NON ?

DITES DONC SAUNDERS, CE COMBAT NE ME SEMBLE PAS TRES CORRECT. IL Y A DES LUTTEURS POUR CELA, EN PRINCIPE.

TOUT JUSTE : "EN PRINCIPE" ! ET ON DIT : "MONSIEUR LE GOUVERNEUR SAUNDERS".

ET PUIS... JUSTE ENTRE NOUS... TA GUEULE, CURÉ !

BALLYMOSS STUD VA DEVOIR EMBAUCHER UN NOUVEAU MARÉCHAL-FERRANT.

LE FILS DONNOHUE, IL S'EN SORT PAS TROP MAL A' CE QU'IL PARAIT.

C'EST PAS DIT. UNE LIVRE SUR BULL FINCH A' CINQ CONTRE UN.

44

MMMMH! IL M'A L'AIR BIEN CONFIANT NOTRE BON PETE McKAY! IL SAIT DES CHOSES?

POSSIBLE. EN TOUT CAS J'AI REMARQUÉ -- VOUS LE SAURIEZ AUSSI SI VOUS N'AVIEZ PAS TOUJOURS LE NEZ DANS LE VERRE DE STOUT -- CE QUI M'ARRANGE BIEN -QUE SAUNDERS A ENVOYÉ CE CHIEN D'HODGSON DIRE UN MOT AU SERGENT.

PENDANT QUE LUI-MÊME ALLAIT CAUSER AU BATELEUR. ÇA SENTAIT LE COMBAT ARRANGÉ POUR NOUS RIDICULISER. BULL FINCH L'A VU... LUI.

ENFIN... QUAND JE DIS BULL FINCH... ET ÉTANT DONNÉ LES CIRCONSTANCES, JE DEVRAIS PEUT-ÊTRE AVANCER... HEU... BULL HAMMER.

BULL HAMMER LE GALLOIS? LE TUEUR DE SWANSEA?

?!

SUIS PAS AU COURANT.

BULL FINCH SERAIT BULL HAMMER LE TUEUR DE SWANSEA!!

ENCAISSE CELUI-CI LE V...?!

N'IMPORTE COMMENT SOLDAT HARRISSON!

DÉMOLISSEZ-LE! MASSACREZ-LE!

J'T'AI P'TÊT PAS BEN PRIS AU SÉRIEUX, MON GROS!

BALLYMOSS STUD. SEAMUS McMANUS OUVRIT LES YEUX EXACTEMENT AU MOMENT...

45

M'DAME LE FEU! LE FEU!

MAIS... QUI ES-TU TOI? AH OUI! DANIEL CLARKE? DAN CLARKE? MAIS...

?!

TU DESCENDS OUI?

ALLEZ MERDE. T'ES PAS TOUT SEUL.

LE HARAS! IL Y A LE FEU AU HARAS!

ET MADAME ET MONSIEUR SEAMUS QUI SONT EN HAUT!

DAN! NON! RESTE ICI, C'EST TROP DANGEREUX!

YIAAÏE!

MISÈRE! JE ME SUIS BRÛLÉ LA MAIN! ... LA POIGNÉE EST CHAUFFÉE À BL'... JE VAIS ESSAYER À COUPS DE PIEDS.

SURTOUT PAS, DAN. LES FLAMMES TE SAUTERAIENT À LA FIGURE...

PAR SAINT GEORGE, ÇA NE POUVAIT PAS MIEUX TOMBER.

SANS CET IMBÉCILE DE HARRISSON, C'ÉTAIT UNE BELLE JOURNÉE.

KNOTK

MOFT

MERCI PETIT. D'OÙ VIENT CE... JAMBON ?

LÀ-HAUT ! J'ÉTAIS ALLÉ ME CHERCHER UN CADEAU MOI-MÊME.

BRAVO.

JE FONCE A' BALLYMOSS. ET J'ESPÈRE NE PAS ÊTRE LE SEUL ! TOI, ESSAIE DE RÉCUPÉRER TAAFFE ET O'DWYER.

DO'IVENT ÊTRE DANS UN PUB... OU UNE GRANGE AVEC UNE FILLE. CHERCHE !

ET LES CHEVAUX ?

PAR SÉCURITÉ ON LES A TOUS MIS DEHORS.

DANS LES PADDOCKS.

PAS L'ÉTALON ?

NON, LUI, IL EST DERRIÈRE PAS DE DANGER.

TOUT LE VILLAGE S'Y ÉTAIT MIS, LA SOLIDARITÉ AYANT MERVEILLEUSEMENT FONCTIONNÉ. LES CORPS DE SEAMUS MCMANUS ET DE SA FEMME AVAIENT ÉTÉ RETROUVÉS CALCINÉS. INCROYABLEMENT L'INCENDIE S'ÉTAIT LIMITÉ AU PREMIER ÉTAGE. PROBABLEMENT DÛ À LA COUCHE DE TERRE BATTUE ENTRE LES PLANCHERS DES CHAMBRES ET LES PLAFONDS DES PIÈCES DU BAS...

DES BLESSÉS ?

QUELQUES BRÛLURES LÉGÈRES.

PAUVRES GENS.

MERCI A' VOUS TROIS D'ÊTRE VENUS... VOUS ÉTIEZ PAS OBLIGÉS.

C'EST BIEN POUR ÇA QU'ON A TENU A' LE FAIRE...

SI WONG ET TAM TAM SONT D'ACCORD ET SI TU TRAVAILLES POUR PAYER TON VOYAGE...

MOI J'VEUX BIEN.

TU T'EN VAS ?

SI J'ARRIVE A' SORTIR DU COMTÉ SANS ME FAIRE REPRENDRE PAR HODGSON.

J'AI VU SEAN MCDOWEL, LA', TANTÔT. IL A FAILLI S'ÉVANOUIR. ILS ME CROYAIENT MORT. NOYÉ. TOUS... MA MÈRE ET MON FRÈRE ME CROIENT MORT. COMME MON PÈRE. ALORS COMME ILS N'AVAIENT MÊME PLUS LA FERME, ELLE A DÉCIDÉ DE PARTIR. VEULENT ALLER VERS UN... LE NOUVEAU MONDE. C'EST COMME ÇA QU'ILS L'APPELLENT. PARAÎT QU'ILS SERAIENT VERS DINGLE POUR EMBARQUER.

EUX, ILS VONT MAINTENANT A' TRALEE POUR LES FÊTES DE LA ROSE. TRALEE C'EST PAS LOIN A' DINGLE.

DINGLE? JE CONNAIS QUELQU'UN A' DINGLE. IL POURRA NOUS AIDER.

NOUS?

JE VOUDRAIS PARTIR AVEC TOI. J'AVAIS EN FAIT RIEN A' FAIRE ICI. C'ÉTAIT SUR MA ROUTE, C'EST TOUT.

D'ABORD SORTIR DU COMTÉ ... ET REJOINDRE LA ROULOTTE A' CILLENAVCASHELL. C'EST LA' QU'ILS FONT LEUR PREMIÈRE HALTE.

AVANT, IL FAUT PAS QU'ON NOUS VOIT ENSEMBLE. Z'AURAIENT DES ENNUIS.

JE SAIS PAS TOI, MAIS POUR CE QUI ME CONCERNE, JE VAIS RASSEMBLER LE PEU QUE J'AI, ET ME CACHER DANS UN COIN JUSQU'À LA NUIT PROCHAINE.

J' SUPPOSE QUE J' VAIS PAS ÊTRE LOIN DE FAIRE COMME TOI... OHOO!

QUOI?

OOOH! JUSTE CE QU'IL NE FALLAIT PAS MAINTENANT.

TU ME SUIS?

POURQUOI?

NOM DE DIEU! OÙ ME CACHER?

TU BLASPHÈMES! HEU... JE... ...ATTENDS! JE SAIS. MOI JE SAIS!

TU SAIS... QUOI?

SI VRAIMENT ILS TE CHERCHENT, ... SI VRAIMENT TU AS DES PROBLÈMES ÉNORMES JE VIENS DE ME SOUVENIR D'UN TRUC! ÉCOUTE BIEN CE QUE JE VAIS TE DIRE!

MAIS D'ABORD FAUT FAIRE DEMI-TOUR...VERS LA COUR DES ÉTALONS... VÎTE!

TU VEUX QUE JE FASSE QUOI?

EXACTEMENT CE QUE JE VIENS DE DIRE!

AH! LES FANTASSINS SONT LA' EN MÊME TEMPS QUE NOUS... BIEN CALCULÉ MONSIEUR HODGSON!

MERCI COLONEL...

JE VOIS QUE VOUS AVEZ PASSÉ UNE NUIT AGITÉE, MESSIEURS. VOUS VOULIEZ FÊTER LA REPRISE DU HARAS? C'ÉTAIT BIEN PRÉSOMPTUEUX... ENFIN... JE VOIS QUE L'AMBIANCE ÉTAIT CHAUDE, SINON... BRÛLANTE AH! AH! AH!

LE COLONEL GOUVERNEUR TEOTEMUS JULIAN CLERKE-SAUNDERS DÉSIRE?

QUI? AH! OUI...

TU N'AS RIEN A' VOIR LA'-DEDANS FICHU FORGERON IRLANDAIS... JE VEUX PARLER A' CET IDIOT PRÉTENTIEUX DE SEAMUS McMANUS. OÙ EST-IL?

POUVEZ TOUJOURS ESSAYER COLONEL SAUNDERS! C'EST LE TAS DE CHARBON LA'-BAS SOUS LA NAPPE.

FOUILLEZ CES BÂTIMENTS DE FOND EN COMBLE...NOTEZ TOUT. AMENEZ-MOI CE QUI VOUS SEMBLE ANORMAL.

VOIS-TU, FORGERON, J'AI PRIS MES PETITS RENSEIGNEMENTS ILS SONT ASSEZ AMUSANTS... QUOIQUE... MAINTENANT QUE JE N'AI PLUS McMANUS A' QUI J'AURAIS EU LE PLAISIR DE L'ANNONCER... BREF. VOUS AVEZ JUSQU'A' MIDI, DEMAIN, POUR REMETTRE BALLYMOSS STUD EN ÉTAT. PUIS, VOUS PRENDREZ VOS HARDES ET VOUS PARTIREZ.

CE HARAS EST DORÉNAVANT PROPRIÉTÉ DE L'ANGLETERRE. DONC LA MIENNE.

AH! AH!

52

JE NE COMPRENDS PAS!

AUCUNE IMPORTANCE. — ENCORE UN MOT. ET JE TE FAIS METTRE EN PRISON POUR RÉBELLION... FORGERON.

MONSIEUR HODGSON, VOUS RESTEREZ SUR PLACE AVEC SIX HOMMES. VOUS FOUILLEREZ DANS TOUTES LES PAPERASSES. JE VEUX POUR DEMAIN SOIR L'ÉTAT COMPLET DU HARAS DE BALLYMOSS. CHEVAUX, AVOIRS, TERRES, BÂTIMENTS, FERMAGES...

CHEVAUX, CELA VEUT DIRE: POULINIÈRES, FOALS YEARLINGS ET ÉTALONS... COMPTEZ LE BÉTAIL AUSSI.

BIEN COLONEL.

QUANT À VOUS... ENTERREZ CES ...BOUTS DE CHARBON.

JE PRENDRAI UNE TASSE OU DEUX DE CE CAFÉ! AVEC DU SUCRE ET DU LAIT. AMENEZ UNE CHAISE... NON. MIEUX. UN FAUTEUIL. ...UN BLEU...

QU'EST-CE QU'IL Y A LÀ-DEDANS?

HÉ! NON! HÉ! ATTENTION C'EST LE BOX DE...

HA! HA! HA! SÛR QU'UN CANASSON VA ME FILER LA TROUILLE...

CUL-TERREUX VA!

OOOH!

SALOPERIE DE CARNE SAUVAGE JE VAIS...

C'EST ÇA! BONNE IDÉE! VAS-Y - TUE-LE, **TUE-LE!** CETTE CARNE, C'EST LE FAMEUX BLACK MINSTREL! LE CHAMPION ...

IL VAUT MILLE FOIS TA SOLDE!

M... MILLE FOIS?

POUR LE MOINS. RIEN QU'EN COURSE, IL A GAGNÉ PLUS DE HUIT MILLE LIVRES.

ET MAINTENANT, TROUVE QUELQUE CHOSE OU QUELQU'UN LÀ-DEDANS.

ÇA VA, ON CONTINUE, REFERME CETTE PORTE.

PFFF!

WAAOOOW! QUEL MONSTRE!

OUAIS, MAIS QUEL BEAU MONSTRE.

54

BIEN JOUÉ, PETIT... ET NE NIE PAS... TU CROIS QUE JE N'AI PAS VU TON MANÈGE ? BONNE IDÉE DE CACHER DAN CLARKE DANS LE PADDOCK DE BLACK MINSTREL. N'EMPÊCHE... C'ÉTAIT DANGEREUX DE TRAVERSER SON BOX.

O'DWYER!

DANS SON ...PADDOCK?

JE T'AI DIT DE NE PAS FAIRE L'IDIOT... LE PADDOCK PARTICULIER DE BLACK MINSTREL... CELUI AUQUEL ON ACCÈDE PAR LA SECONDE PORTE DANS LE BOX.

J'IGNORAIS QU'IL Y AVAIT ÇA... O'DWYER. JURÉ. ON AVAIT SI PEUR QU'ON N'A PAS REMARQUÉ.

MAIS ALORS... OÙ EST LE FILS CLARKE?

BEN... DANS L'ÉCURIE...!!

DANS L'ÉC'... MAIS...

DÉJÀ LE CHEVAL EST ASSEZ DIFFICILE CHEZ LUI, IL DEVIENT DANGEREUX.

C'EST À CAUSE DE OLD TIM... UN... HEU... COLPORTEUR ...UN... AMI!

JE NE COMPRENDS RIEN À CE QUE TU RACONTES. ALLONS VOIR L'ÉTALON.

NON! ATTENDS. LES SOLDATS PEUVENT REVENIR.

BON... ALORS... OLD TIM.

C'EST UNE HISTOIRE QU'IL M'A RACONTÉE UN JOUR QU'ON SE PROMENAIT À GAP OF DUNLOE.

PLUS VITE!

OUAIS... OUAIS... IL LE TENAIT DU PETIT-FILS D'UN GARÇON D'ÉCURIE DU CAP'TAIN O'KEIN QUI L'AVAIT VU FAIRE PAR UN NOMMÉ SULLIVAN, DIT "LE CHARMEUR"!

EN FAIT, LE TOUT EST DE NE PAS AVOIR PEUR. PAS DE NE PAS LA MONTRER! NE PAS AVOIR PEUR DU TOUT. PENSER À TOUT. MÊME À RIEN. SAUF À LA PEUR.

ÇA DOIT ÊTRE DRÔLEMENT DUR!

NOM DE DIEU! TU AS POUSSÉ DAN CLARKE DANS LE BOX EN LUI DISANT: "T'INQUIÈTE PAS, FAIS LE MORT!"!!

NON! NON! CE TYPE... SULLIVAN L'AVAIT FAIT SUR UN CHEVAL INDOMPTABLE... QU'EST DEVENU UN CHAMPION. HEU... UN NOM COMME... AH! OUI! ÉCLIPSE!

ÉCLIPSE? TU PARLES! C'EST UNE LÉGENDE, UN DIEU! IL ÉTAIT... IMBATTABLE!

OUAIS. BEN... C'EST COMME POUR MOI... SULLIVAN DISAIT QUE LE PÈRE À ÉCLIPSE ÉTAIT PAS SON PÈRE. IL DISAIT QUE SON PÈRE — UN NOM COMME...MARSKE...— EN FAIT C'ÉTAIT UN AUTRE... "SHAKESPEARE" JE CROIS... OU UN NOM COMME ÇA.

FOUTAISES.

IL DISAIT QUE MARSKE ÉTAIT PRESQUE NOIR ET LE SEUL ALEZAN QU'IL AIT FAIT ÉTAIT ÉCLIPSE ET... HEU... SHAKESPEARE ÉTAIT ALEZAN. DANS LE MÊME HARAS CHEZ LE...DUC...DE... HEU

CUMBERLAND. RECULE...TOI!

ALLEZ BLACK MINSTREL, VA JOUER DEHORS.

BON! ALORS... DAN CLARKE! OÙ IL EST ?!

HEIN?

HEU...

BON SANG!
IL EST PAS SORTI
ET LA PORTE DU
PADDOCK FERME
DE L'INTÉRIEUR.
CELLE DU BOX
DE L'EXTÉRIEUR!

CHHHT

CCHHTT.

QUOI?
QU'Y-A-T-IL?!

IL...IL EST LÀ'
ET...IL...IL
RONFLE!
LÀ-DESSOUS.

AAAH!

ÇA VA.
ÇA VA.

TU M'AS DIT DE NE SURTOUT PAS
AVOIR PEUR...J'AI PENSÉ QUE
C'ÉTAIT PAS BÊTE, ET QUE LA
MEILLEURE SOLUTION ÉTAIT
DE M'ENDORMIR... PROFONDÉMENT.
ÇA SEMBLE AVOIR MARCHÉ...

IL DORMAIT!
CE TYPE DORMAIT
CACHÉ SOUS LA PAILLE
DANS L'ÉCURIE DE
BLACK MINSTREL.

...AU
CHAUD.

VOUS AURIEZ PÛ ME LAISSER
CONTINUER PARCE QUE JE NE
VAIS PAS SORTIR MAINTENANT
AVEC TOUS CES SOLDATS
ANGLAIS DEHORS...

ET IL
N'EST PAS
MIDI.

DITES...
C'EST PAS UNE SORTE
DE TRAPPE, LÀ-HAUT?

TROIS HEURES PLUS TARD...

ON AVAIT RÉUSSI
À FAIRE GRIMPER
DAN CLARCKE PAR
LA TRAPPE...
IL Y ATTENDRAIT
LA NUIT...

AVANT, ON AVAIT PASSÉ UNE BONNE
DEMI-HEURE, À FAIRE UN PLAN DE
LA RÉGION. AVEC TOUS LES POINTS DE
RENDEZ-VOUS POSSIBLES.
J'AVAIS PLUS QUE MES MAINS EN POCHE.
M'EN FICHAIS.
J'AVAIS RIEN D'AUTRE À Y METTRE...
QUE LE VASTE MONDE QU'ÉTAIT DEVANT MOI.

56

BRRR S' ILS S'ARRÊTENT, FAIRE LE DOS ROND ET RÉPONDRE QUELQUE CHOSE DE VRAISEMBLABLE.

MONSIEUR BERGSON STOPPEZ PRÈS DE CET ENFANT...

OOH! NON!

OOOW!

DIS-MOI, PETIT, SOMMES-NOUS BIEN SUR LA ROUTE QUI CONDUIT A' BALLYMOSS STUD?

TOUT À' FAIT MADAME.

VOUS SUIVEZ JUSTE LE CHEMIN... C'EST VRAIMENT PAS LOIN... C'EST LA' OÙ ÇA A BRÛLÉ.

DE TOUTES FAÇONS, Y'EN A PAS D'AUTRE.

BRÛLÉ?

OUI... ENFIN... PAS TOUT.

WAAAOOW

ELLE M'A DONNÉ TOUT ÇA ?!?

ET JE LUI AI SEULEMENT DIT QU'ELLE ÉTAIT SUR LA BONNE ROUTE ET QUE ÇA AVAIT FLAMBÉ ..

VAIS PRENDRE PAR LES PRÈS AU CAS OÙ ELLE SE RENDRAIT COMPTE DE CE QU'ELLE M'A DONNÉ LA' !

57

AU MÊME INSTANT...

VAIS ALLER UN PEU FOUINER MOI...

JE LE SENS. CES IMBÉCILES TENTENT DE NOUS CACHER QUELQUE CHOSE ... J'EN SUIS CERTAIN.

LE COMBLE, C'EST QUE NOUS NE CHERCHONS RIEN ... INCROYABLE MAIS IL Y A QUELQUE CHOSE PAS LOIN ... PEUT-ÊTRE JUSTE SOUS MON NEZ ... ALLEZ, HODGSON-LE-GRAND, RAMÈNE QUELQUE CHOSE A' SAUNDERS.

BORDEL! J'AI LA JOUISSANCE DU CHIEN DE CHASSE!

'VAIS FAIRE FOUILLER LA' AU-DESSUS.

ON A DÛ OUBLIER.

"RECENSEMENT DE TOUT" A DIT SAUNDERS ... DONC, FORCÉMENT AUSSI DES BOTTES DE PAILLE, DE FOIN ET DE LUZERNE ... ET LES SOURIS QUI VONT AVEC ... NON MAIS...

NOM DE NOM DE NOM DE NOM DE ... S'ILS PRENNENT DAN CLARKE, Y'EN AURA POUR TOUT LE MONDE!

QUE FAIS-TU LA', TOI ?..

HEU ... MOI ??

OUI, TOI!

KNOCK

OUFF

T'AI EU, ORDURE! ÇA A CLAQUÉ QUAND T'ES TOMBÉ. J'AI VENGÉ P'PA.

UN PEU.

1 !!

OH NON!

MERDE, DAN! TU TE RENDS COMPTE DE CE QUE TU...

PARFAITEMENT M'SIEU' FINCH. CE SALAUD A FAIT TUER MON PÈRE...ET LA MULE ...ET BRÛLER LA FERME...ET...

NOUS... NOUS ALLONS ESSAYER QUELQUE CHOSE... VITE. O'DWYER, AMÈNE-MOI SON CHEVAL. VITE. BON DIEU, DAN. TU L'AS BIEN AMOCHE!

QU'EST-CE QUE VOUS FAITES?

TU LE VOIS BIEN. J'EN LÈVE UN FER A' L'ARRIÈRE.

DAN! FICHE LE CAMP TOUT DE SUITE... PAR L'ARRIÈRE. PASSE PAR LES PRÉS DES POULINIÈRES EN LONGEANT LES HAIES. FICHE LE CAMP.

TOURNE LA TÊTE O'DWYER.

IL FAUT MAQUILLER LA BLESSURE FAITE PAR DAN CLARKE.

?

TU PENSES BIEN QU'ILS VONT VÉRIFIER SI LA MARQUE SUR LA TÊTE D'HODGSON CORRESPOND A' L'EMPREINTE DU FER...

JE REFIXE LE FER AVEC QUATRE VIEUX CLOUS SUR LES NEUFS PRÉVUS...LAISSE-EN CINQ PAR TERRE... CE "MEURTRE" ON LE MET SUR LE DOS DU CHEVAL... SI JE PUIS DIRE.

ET SA CRAVACHE DANS LA MAIN D' HODGSON.

ON ATTACHE LE CHEVAL AU MUR. HODGSON A VOULU LUI DONNER UNE CORRECTION. L'ANIMAL A RUÉ... HODGSON A PRIS UN FER EN PLEINE TÊTE... BOUM... MORT. ALLEZ, ON FILE!

BEN MERDE DE MERDE DE BORDEL DE...

CE SONT DES MOTS QUE JE TE LAISSE O'DWYER. TROUVONS UN BOUT DE PAIN ET DU THÉ POUR TE NETTOYER LA BOUCHE.

D'OÙ VENEZ-VOUS TOUS LES DEUX ? VOS PAQUETS DE HARDES NE SONT PAS ENCORE FAITS ?

IL NE VOUS RESTE PLUS BEAUCOUP DE TEMPS POUR QUITTER MES TERRES. APRÈS, JE LÂCHE MES SOLDATS ET MES CHIENS !

PARLERIEZ-VOUS DE MES TERRES ET DE MON HARAS, MONSIEUR ? D'APRÈS MES RENSEIGNEMENTS VOUS DEVEZ ÊTRE... SAUNDERS ? NON ? J'AI VOULU FAIRE SEULE CES DERNIERS PAS VERS BALLYMOSS.

VOUS ÊTES... HEU... MISS HANNESSY ? LÉGALEMENT CE HARAS N'EST PAS À VOUS.

PREMIÈRE QUESTION : JE SUIS MISS HANNESSY, MAIS AUSSI LADY VALENTINE DUCHESS OF BEDGRAFTON. RÉPONSE À VOTRE AFFIRMATION : CE HARAS EST À MOI !

VOICI SIR HOWARD ET SIR INCHBALD DE INCHBALD INCHBALD AND WESSEX, MES CONSEILS ET AVOUÉS. ILS ONT TOUS LES DOCUMENTS LÉGAUX POSSIBLES ET IMAGINABLES.

ET PUIS-JE VOUS PRÉSENTER LORD HERRIES QUI A EU BEAUCOUP DE MÉRITES À TRANSPORTER LE TRÈS LOURD DOSSIER CONTRE VOUS ET QU'IL EST CHARGÉ D'INSTRUIRE.

QUI EST LE RÉGISSEUR DU HARAS ? MR. McMANUS ?

MOI, C'EST FINCH... BULL FINCH. HEU... J'AI UN PEU PRIS LES CHOSES EN MAIN... PAR FORCE MILADY. EN FAIT... J'AI BEAUCOUP À VOUS RACONTER.

NOUS AVONS DÉSORMAIS TOUT LE TEMPS MONSIEUR FINCH. VOUS ALLEZ TOUT M'EXPLIQUER.

COMBIEN AVONS-NOUS DE CHEVAUX MONSIEUR FINCH ? VOUS AV... NOUS AVONS - HORS LES CHEVAUX DE SELLE ET DE TRAVAIL... HEU... UNE BONNE QUARANTAINE, LADY VALENTINE.

ET VOUS AVEZ QUOI CONTRE MOI ?

QUATRE GRANDES CAISSES BIEN REMPLIES MONSIEUR SAUNDERS.

ET DAN COURAIT !

60-

62

AAAAH
WOWW TU M'AS FAIT PEUR!

ENFIN! J'AI MIS UN TEMPS FOU A' TE RETROUVER.

BEN... J'AI. PAS OSÉ FAIRE DU FEU, TU PENSES BIEN... COMMENT ÇA SE PASSE LÀ-BAS?

MAL... TRÈS MAL. JE TE RACONTERAI PLUS TARD.

DEUX JOURS PLUS TARD...

LES VOILÀ! ON Y VA?

OFF ON S'EN EST PASSÉ JUSQU'ICI. ON POURRAIT CONTINUER, NON?

APRÈS TOUT "'

DIRECTION DINGLE BAY.

ON EST BIEN ASSEZ FORTS, NON?

TU PARLES!

ET PUIS UN JOUR "' DINGLE.

LE VIEUX OLD TIM! LE COLPORTEUR? BEN OUAIS. IL A UNE BOUTIQUE, LÀ. MAIS SA MAISON EST AU BOUT DU VILLAGE "' DES PORTES JAUNES.

O... OLD TIM?

LESTER?

OLD TIM, VOUS AVIEZ DIT QUE JE POURRAIS...

ET JE TE LE DIS TOUJOURS, ET JE TE REMERCIE DE M'AVOIR CRU, LESTER. TU ES ICI CHEZ TOI.

JE SUIS DÉSOLÉ, DAN. JE VIENS DE ME RENSEIGNER ET D'APRÈS CE QU'ON M'A DIT, TON FRÈRE ET TA MÈRE SERAIENT VENUS MAIS IL N'Y AVAIT PAS DE BATEAU... BON SANG, DAN, ILS TE CROYAIENT MORT...

...SERAIENT DESCENDUS VERS CORK.

ILS VOULAIENT PARTIR VERS LE "NOUVEAU MONDE".

BEN ALORS... FAUT QUE J'Y AILLE AUSSI.

JE COMPRENDS ÇA, C'EST NORMAL... BONNE CHANCE, DAN.

LESTER EST RESTÉ À DINGLE AVEC LE BON OLD TIM QUI A CONTINUÉ LE TRAVAIL DE TANT'MAISIE, LUI APPRENANT À LIRE ET À ÉCRIRE AVEC SES ALMANACHS.

IL A MÊME CHASSÉ LE REQUIN DÉVOREUR DE SAUMONS.

IL S'EST DIT QU'À DIX-HUIT ANS IL PARTIRAIT POUR LONDRES ET PUIS POUR LE MONDE ENTIER ET QUE LE MONDE ENTIER LE VERRAIT.

À BALLYMOSS-STUD, LADY VALENTINE A FAIT RECONSTRUIRE UNE PARTIE DU HARAS ET AMÉLIORÉ LE RESTE... ELLE A VRAIMENT TOUT PRIS EN MAIN. UNE MAIN DE MAÎTRE.

ELLE NE S'ACCORDE PLUS QU'UN PETIT VERRE DE PORTO, LE SOIR, AVANT DE DORMIR.

MADAME, JAMAIS NOUS N'AVONS EU DE SI BEAUX ET BONS CHEVAUX.

LE COLONEL SAUNDERS A ÉTÉ MUTÉ DANS LES COLONIES... TRÈS LOIN. IL EST MORT TROIS ANS PLUS TARD ... DU CHOLÉRA.

62